조수빈 시집

# 풍물

조수빈 시집 **풍불**

**초판 1쇄 발행** 2025년 4월 15일
**초판 2쇄 발행** 2025년 5월 30일

**지은이** 조수빈
**펴낸이** 임화자 · 김운기
**펴낸곳** 문학공동체샘물

**등록일** 2025년 2월 19일
**등록번호** 제 2025-000030호
**주소** 16348 경기도 수원시 장안구 파장천로25번길 9
**전화** 031-269-9991  **팩스** 031-241-2321
**전자우편** saemmul25@naver.com

**값 12,000원**
ISBN 979-11-992167-0-9 03810

*이 책의 판권은 지은이와 문학공동체샘물에 있습니다.
 양측의 서면동의 없는 무단 전재 및 복제를 금합니다.

샘물시집시리즈 1

조수빈 시집

# 풍물

문학공동체샘물

## 샘물 시리즈 1호에 부쳐

이 시집 『풍물』은 여러 면에서 아주 큰 의미가 있다. 우선, 시인 조수빈은 고등학교 3학년에 재학 중인 학생이다. 그는 2024년 《수원문학》 가을호를 통해 17세의 나이로 문단에 등장한 천재적인 소녀다. 우리 문단사에 이러한 예는 매우 드문 경우로, 1965년 문정희 시인이 17세의 나이로 진명여고 3학년 재학 중에 『꽃숨』이라는 첫 시집을 낸 것이 아마 전부일 것이다. 그런 점에서도 조수빈 시인은 무한한 가능성과 확장성을 기대할 수 있다고 할 것이다.

또 하나는 이 시집 『풍물』은 수원문인협회 소속 문인들로 형성된 문학공동체 샘물에서 펴낸 시집시리즈 1호라는 점이다. 지역 문인협회가 주축이 되어 문학공동체를 구성하고 문인들의 작품을 직접 출간하고 판매하는 출판시스템을 가졌다는 사실도 드문 일이다. 문학공동체 샘물의 출판 예정 작품집 중에 시리즈 1호는 그 상징성이 크고 그만큼 이를 결정하기란 쉽지 않은 일이었다. 샘물 편집위원이자 《수원문학》의 편집장이신 진월린月潾 선생께서 『풍물』에 상재 할 작품성을 크게 호평했을 뿐만 아니라 시리즈 1호를 적극 추

천한 결과이기도 하다.

  또 다른 하나는, 조수빈 시인이 신세대답게 뉴 미디어를 장착한 시집이라는 점이다. 시집 중간중간(14, 32, 42, 52쪽)에 AI가 시에 곡을 만들고 노래를 부르고 이미지를 영상화한 큐알코드를 삽입했다. 이는 국내에서 출판하는 시집 중에 처음 상용화한 것이다. 물론 특허 출원을 한 재산이므로 다른 시집에 적용했을 리가 없고 문학공동체 샘물에서 첫 사용료를 지급한 사용권자가 되었기 때문이다.

  이 시집 『풍물』은 이처럼 여러 면에서 매우 밝은 의미를 담고 있으므로 독자들의 사랑을 듬뿍 받을 것이라고 확신한다.

발행인 문학박사 김 운 기

## 꽃가람을 보던 시절에

상 · 12
꽃가람을 보던 시절에 · 13
풍물 · 14
꽃신 · 15
비의 종적 · 16
졸업을 축하합니다 · 17
해바라기 · 18
책 · 19
도화지 · 20
르네상스 · 21
달빛이 닿은 처마 · 22
신년 · 23
과학혁명 · 24
풍선 · 25
실패의 미덕 · 26
팝니다 · 27
봄날은 온다 · 28

## 나의 작은 산골짜기에서

연등 · 30
나의 작은 산골짜기에서 · 31
분실 주의 · 32
혹 · 33
어쩌면 그대는 · 34
사랑이라는 이름하에 · 35
내 생에 가장 아름다운 · 36
세상의 빈틈을 보며 · 37
평범이라는 꿈 · 38
가구를 정돈하며 · 39
구름다리 · 40
붉은 소매 · 41
피터 팬 · 42
소년의 꿈 · 43
인재의 정의 · 44
빗속에서 · 45
객기라는 낭만 · 46

## 끝내 마주하지 못한 이별

헌 옷 · 48

난민 · 49

그늘을 등지고 · 50

끝내 마주하지 못한 작별 · 51

피노키오 · 52

도서관 · 53

인간이란 · 54

정체기 · 55

불사조 · 56

너에게 닿기를 · 57

31일의 묵념 · 58

시간 자본가 · 59

안개 · 60

새장 · 61

허상의 형체 · 62

얼룩 · 64

## 누리봄

산수유의 계절 · 66

누리봄 · 67

수꽃 · 68

소풍 · 69

우비 속 풍경 · 70

잡초 · 72

겨울이 놓고 간 잔재 · 73

처음은 한 뿌리일지라도 · 74

시계탑 앞에서 · 76

파도가 불러온 안식 · 77

**해설**___진순분 시인 · 칼럼니스트 · 80

꽃가람을 보던 시절에

상

너를 처음 봤을 때
숨이 멎었다

살을 태우는 햇볕에도
찡그리지 않으며 웃고

쏟아지는 비에
기꺼이 우산이 되어주고

바람에도 흔들리지 않는
잎새 같은 너였다

그것은
내가 바라던
인간상이었다

## 꽃가람을 보던 시절에

가람이 부푼다
가랑비가 오나 보다

가람 가온에
고주리 미주리,
고운 매가
길라잡이를 따라 연꽃을 엮는구나

꽃내음 품고
끌끌했던 과거를 회상하며
나래옷을 입겠지

내 매지구름에 늦마는 참 없지만
아직은 나비잠 곤히 자고픈 날이구나

## 풍물

나 오늘도
세상을 담아 흥얼거리네

이 온 정신이
한껏 울려 퍼지면

청풍을 타고
버들잎을 간질거리고
풀 속에
곤히 자는 반딧불을 깨우고
줄기로
굳게 묶인 매듭을 푸네

봉오리 끝내 피지 못해도
흩어진 내 일신의 조각이 기억하겠지

곧은 소나무 반갑게 인사할 때
세상아 풍악을 울려라

# 꽃신

그리 애틋했던 느티나무에서
나는 잎새가 떨어지길 기다렸네

그저 가없는 기다림에도
언제나 같이 지고자 했기에
이 순간마저 나에겐 온통 소풍이지

풀피리 소리 그대 귀에 자장가 되어 울렸으면
이제 만족하네

그대의 애정으로 산마루터에서 한없이 피어나면
나 댓돌에 꽃신 고이 모시리

# 비의 종적

나는 비의 종적을 찾아 떠납니다

그대가 먹구름이라면
나는 바람이 되렵니다
그대가 나그네라면
나는 그늘이 되렵니다
그대가 무덤이라면
나는 새싹이 되렵니다

그대가 나에게 다다른다면
난 이제 어디에도 존재하고
어디든지 쏟아집니다

이젠 그대의 차례입니다

## 졸업을 축하합니다

당신을 축하합니다
기나긴 여정의 끝에 당신은 홀로 서 있군요

누가 앞서 있다면
그 기운을 이어받으면 될 터이고
누가 뒤에 있다면
반갑게 맞이하면 될 것입니다

얽힌 속박을 벗어던지고 앞으로 걸어가세요
그것이 당신의 자격입니다

## 해바라기

그려라
네 인생을 큰 도화지 위에

언제나 불타오르는 해바라기처럼
그 작은 도화선이 너를 뜨겁게 달굴 테니

끝까지 바라봐라
네가 닿을 때까지

그 시작, 해바라기를

# 책

수백만 명의 정신이 담기고
수백만 명의 손때가 묻은 인류의 유산

누군가에게는 변화의 척도
누군가에게는 곁을 지키는 친우
문학의 가치를 세상이 알아 볼 때

이 살아있는 혼은 그 자체로 우리에게 스며든다

## 도화지

그려라
하얀 도화지에
네 인생을

칠해라
현재 느끼는
네 감정을

더해라
항상 꿈꿔왔던
네 미래를

보여 줘라
도화지 밖으로 걸어나간
네 행보를

# 르네상스

최초의 근대인에게 부여받은
내 새로운 자아와 인사 건네고
잠식된 거울 저편을 바라본다

그 끝이 낙원이 아니라 할지라도
베드로 성당 앞에서의 맹세는 오래도록 울려 퍼지리라

내 인문학의 힘을 빌려 염원을 쏘아 올릴 때

나
너
그리고 세계의
The Resurrectio

## 달빛이 닿은 처마


빗물이 내 안을 침범했다

처음에는 이미 튀어버린 구정물을,
별것이라고 여겼지만
한세월이 지나
웅덩이에 비친 내 모습은
키 높이의 구정물에서
쉴 새 없이 허우적거리고 있었다
손 고운 줄 모르고
녹이 슨 처마를 이리저리 문질러도 봤지만
거센 장대비 앞에
내 사계만이 망각될 뿐이었다

늦마가 가고 창가에 새어나온 빗물이
한 줌의 빛인 것 알았을 때

처마에 고개를 내밀던 빗물이 종적을 감추듯
처마에도 별들 날은 온다

# 신년

우리 가족의 대행사는
1년마다 돌아온다

잠긴 눈을 비비며
묘시卯時에 침대에 나와
연거푸 새어 나오는 하품을 참고
앞으로 앞으로 발걸음을 옮긴다

저 아득한 정상에서 모두가 최면에 걸린 듯
구름 뒤를 쏘아보던 눈들이 생기로 차오를 때
새해가 시작된다

## 과학혁명

꿈을 꾸네
물 위를 걷는 날을

꿈을 꾸네
하늘에 떠 있는 섬을

꿈을 꾸네
내가 원하는 나를

꿈을 꾸네
이 외침을 듣는 너를

꿈을 꾸네
그토록 바랐던 미래를

## 풍선

하늘 높이 풍선이 올라갑니다
닿을락 말락 스치듯 손과 작별하고
바람에 몸을 맡겨 날아갑니다

그렇게 풍선은 모두의 기대를 품고
목적지 없는 여행을 떠납니다

## 실패의 미덕

넘어지는 것에
익숙한 사람 어디 있을까

누구든 돌부리에 걸리면 아픈 법
그러나 차라리 다쳐보면
그 뜻을 헤아리고

무릎이 까지더라도
아랑곳하지 않고
묵묵히
신발 끈을 고쳐 매는 이도 있는 법이다

# 팝니다

꽃을 팝니다
향기를 채우려고요

전구를 팝니다
빛을 비추려고요

웃음을 팝니다
생기를 채우려고요

기쁨을 팝니다
그대에게 다시 한번 더 희망을 전하려고요

## 봄날은 온다

소년들이여
일어나라
오늘의 밤을 그대들이 쟁취할 테니

소년들이여
일어나라
아픔을 딛고 새롭게 피어날 테니

청년들이여
일어나라
스스로 광체가 되어 한반도를 환히 빛낼 테니

맑은 영혼들이여
떠올려라
병아리 시절 어미 새가 그러했듯
하나 되어 새 생명의 환희를 일궈내자

# 나의 작은 산골짜기에서

# 연등

저 하늘을 전유하는 연등이
무용하기 짝이 없는 내 안을 지폈다

녹슨 관절이 삐걱거리는 삶에
의문을 품어본 적이 없었는데

단지 화려한 전각 위를 뛰어오르는
수많은 갈망이

아주 오래전 목이 타는 갈증을
일깨워줬을 뿐이다

아, 나도 저 연등처럼
무화되어 날아갔으면…

## 나의 작은 산골짜기에서

바람이 새로운 생명을 불어넣는 오솔길에서
삼삼오오 저마다 붙었다 흩어지고
바스락바스락 소리를 내며
걸음을 옮기는 따스한 산골짜기

그곳이 내가 기억하는 고향의 모습이다

야망과 서로 다른 목적을 위해
비록 지금은 각자 걷는 인생이지만
우린 가슴속에 영원한
기억의 저편을 지니며 살아간다

슬플 때 같이 울어주고 지칠 때 품어주던 우리의 고장

어느 날 누군가
가장 애틋했던 시절에 대해 물었을 때
나는 바람이 부는 곳을 향해 미소를 지었다

# 분실 주의

잊지 마세요
벌이 꽃내음을 맡고 나타난 순간을

잊지 마세요
구슬픈 가락을 위로해 걸려있던 손수건을

잊지 마세요
한때 찬란했던 당시의 시절을

잊지 마세요
꽃이 지고 다시 필 그날을

잊지 마세요
내가 그대와 나눈 약조를

# 혹

땅이 꺼지도록 소리를 쳐도
목이 마르도록 눈물을 쏟아도
돌아오지 않는 것이 있다

세월이 지나도 혹을 보면
아직도 마음이 벌렁거린다

이 작은 혹에 담긴 혼이
내 맘을 아는지 살포시 어루만질 때
나는 이윽고 정토에 다다른다

## 어쩌면 그대는

손이 부르르 전율한다

오죽하면 그리 멀리도 갔을까
아마 내 잘못이요

창밖의 아낙네 곡소리에도
내 귀는 아랑곳하지 않는다

한줄기의 썩어 버린 동아줄이었더라도
나는 잡았을 것이다

사진 속 그녀의 미소가 푸른빛을 띠고 있다

## 사랑이라는 이름하에


그대 나를 품고
나의 하루를 좌우하네

내 함박웃음에
그대 보조개 돋보이네

내 허둥댈 때는
그대가 내 안에 채워지네

내 낙인 찍혀 품으로 돌아오면
그대만이 오로지 나를 긍정하네

이젠 내가 계시를 받은 그대를 거룩하게 하소서

# 내 생에 가장 아름다운

내 생에 가장 기쁜 기억은
양손 꼭 잡고 놀이 기구를 타던 날이다

내 생에 가장 슬픈 기억은
풍선이 나무에 걸렸던 날이다

내 생에 가장 아픈 기억은
아픈 어미 새가 떨어지자 엄마가 흐느끼던 날이다

한때 주름진 손이 높디높은 하늘을 가렸는데
그날은 내 생에 가장 애틋한 기억이 되었다

## 세상의 빈틈을 보며

나는 언젠가부터 이 세상에 버려진 것들을
수집하곤 했다

누군가를 기다리는 애달픈 민들레
힘없이 매달려있는 가냘픈 낙엽
길을 잃고 전유하는 배고픈 종이배
목 놓아 울고 있는 거울 속 한 꼬마 아이

그리고
나는 언젠가부터 이 세상에 버려진 것들을
보듬기로 했다

## 평범이라는 꿈

배를 타고
두 손 활짝
노를 젓는 상상을 하네

늦을세라
시간 맞춰
헐레벌떡 뛰는 나를 보네

아프단 소식에
부랴부랴
달려온 친우를 떠올려보네

아침에 일어나
눈을 뜨면
보이는 밥상을 꿈꾸네

## 가구를 정돈하며

베란다에 찬 공기를 서서히 들이마시면
오늘의 대청소가 시작된다

수북이 쌓인 책들을 옮기고
단계별로 서랍을 정리하고
구석구석 먼지를 털고는 풀썩 앉아버렸다

그렇게
가구를 정돈하며 발견한
오래된 사진 한 장
오순도순 우리 가족

# 구름다리

유년기
한 번쯤
타봤을
구름다리

세상을 손에 쥔
한 아이의 추억

## 붉은 소매

그때도 그랬다
지금 저 붉은 소매를 보며
시선을 정돈하지 못하는 것처럼

그네에서 떨어진 그녀를 업고
휘청거리며 빗길을 달렸던 순간을

이 양복점에서
나 홀로
추억할 뿐이다

떨리는 손을 부여잡고

그녀의
치맛자락을
정돈하면서

# 피터 팬

버드나무 줄기를 타고 차츰 올라가다 보면
그루터기에 걸터앉아 있는 어린 소년이 보인다

내가 하는 거라곤 멀리서 지켜보는 것뿐이지만
보이는 것만 보고
듣고 싶은 것만 듣는
세계를 위해서라면 이쯤은 아무것도 아니란 듯이
그는 참 신비롭고 평화로운 분위기를 띠고 있었다

하지만 그의 수줍은 성격 때문이었을까

구경하니 그저 웃고
앉으려니 가버리고
잡으려니 눈을 떴다

## 소년의 꿈

강인한 바다의 수호자를 아직도 잊지 못합니다
소년은 굳은 결심이 섰습니다

하루가 멀다 하며 목이 빠지게 기다립니다
소년은 포기할 수 없습니다

한세월이 흘러도 잠을 지새우며 고대합니다
소년은 아직 참을 수 있습니다

여러 해가 지나도 목이 터져라 기도합니다
소년이 남아있기엔 이곳은 너무 작습니다

날이 밝았지만 소년은 가지 않았습니다
그에게는 이미 지켜야 할 것이 늘어났기 때문입니다
이미 저울은 많이 기울었습니다

소년은 종종 그날을 꿈꾸곤 합니다

## 인재의 정의

작금의 현실에서
닥쳐올 위험을 볼 눈은 어디 없나요

오로지 비난이 아닌
지식인들의 목소리를 들어줄 귀는 어디 없나요

시시콜콜한 대화 대신
미래의 방향성을 의논할 입은 어디 없나요

나는 인재를 찾고 있습니다

# 빗속에서

단지 비 오는 날에
한치 모르는 약속을 지키기 위해
어린 날에 우린
달리고 또 달렸다

날짜도 시간도 명확하지 않은 채
그저 빗줄기만이 우릴 반겨줄 뿐

짊어지던 마음의 짐도
과거의 불화도
모두 씻겨나간 자리에서
서로만을 바라볼 뿐이었다

그렇게 우린 빗속에서 자취를 감췄다

## 객기라는 낭만

부푼 마음에 못 이겨
도심에 파고들었다

첫 상경인 만큼 긴장할 만도 하지만
두려움보다 설렘이 앞섰다

어릴 적 TV에서 보던 것처럼
이름도 명성도 없이

정세도 살필 줄 모르는 촌놈이
차린 건 조그마한 가게가 전부였지만

그저 배시시 웃을 뿐이었다

끝내 마주하지 못한 이별

# 헌 옷

민낯에 하나, 둘 방울이 맺히더니
그들은 나에게 거세게 달려들었다

물론 나는 아랑곳 하지 않고
오로지 한곳만을 응시했다

조금의 훼방도 안 됐기 때문일까
가만히 서서 헌 옷을 입고 있는
사내가 애처로워 보였기 때문일까

나는 더욱더 물웅덩이에 비친
그에게 눈을 뗄 수 없었다
비릿한 구정물이 침범했기 때문일까

나는 분명 단정한 차림이었는데도

# 난민

정처 없이 거리를 돌아다니고
하루가 멀다고 식량은 동이 나
그 어디에도 내 것은 없어

그저 내 손을 꼭 맞잡은 핏덩이의
목을 축이면 축복의 날

버려진 자존심을 짓밟고
나에게 던져지는 돌멩이조차
피할 수가 없어

이리도 차가운 시선들 속에서
나에 대한
나를 위한
나만의 것은
오로지 너의 온기뿐이구나

## 그늘을 등지고

얼마나 어두웠는지 모르겠다
얼마나 외로웠는지 모르겠다

이 방에는 아무런 온기도 없다
한참을 서성이다 지그시 시선을 옮겨본다

푸르고 파아란 것들이

이 잎이
이 나무가
이 정신이

아아 만물이여

그는 단숨에 나에게 온기를 채워 넣었다
보지 않으려 애쓴 것은 나였구나

그가 한 번 웃길래
나도 따라 웃었다

## 끝내 마주하지 못한 작별


실로 이어진 인연을 끊고
도망치듯 나와버렸다

그때 느꼈던 심장박동은
아직도 이루어 말할 수 없으리라

기대에 부응하지 못했단 죄책감 때문인지
무능의 대가를 치르기 싫었던 탓인지
조각조각의 기억들을 싹둑 해버리고
내 우상과의 작별을 지나쳐버렸지만
이제는 말할 수 있다

당신을 존경했습니다
진심으로 감사했습니다
그러니
당신에게도
나에게도
떳떳할 수 있을 날을
기약하겠습니다

# 피노키오

나는야 피노키오
모두의 기대를 한몸에 받는 코가 긴 마술사
이리 치이고 저리 치여서
화려한 허상에 가까워진들 누가 알아주랴

오늘도 내 코는 쉼도 없이 길어져만 가네

보이지 않는 실을 속박이라 외쳐도 보고
미끄러지듯 춤을 추어도
인간이 되고 싶은 독기는 문드러져
내 세상을 흑백으로 채울 뿐이다

진열장을 나가지 못한 채
내 코는 길어지는구나

## 도서관

나는 이따금 강박이 있는
사람처럼 도서관에 간다

읽지도 않을 책을 빌리러
대출 기계 앞에 섰을 때

멀리서 수많은 책들이
날 쏘아보고 있었다

그들은 하나같이 입을 모아 외쳤다
책은 눈으로만 보는 것이 아니라고

## 인간이란

인간은 모두 하나에서 시작해
그 근원은 다르지 아니할 텐데

수저를 먼저 들고
입는 복장을 달리하고
허물 수 없는 벽을 만들고
이성과 본성의 갈림길에서
누군가는 분노를
누군가는 만족을 느끼니

어찌 이리도
아 다르고
어 다르단 말인가

## 정체기

잠을 설치다 일어나 보니
들판이 펼쳐져 있었다

분명 꿈에서 쫓기듯
허우적거리고 있었는데
무슨 일이 일어난 걸까

아무도 없이 텅 비어서는
꼭 내 마음이 읽히는 기분이다

# 불사조

내 견고히 쌓아온
성벽이 모난 돌에 맞아
무너지네

괜찮다 되뇌어도
내면은 흐트러진 지 오래
모두 뒤에서 수군대기 바쁘네

나의 시대는 머나먼 꿈이었던가

내 한 몸
불 싸질러

다시금
날아 오르리

# 너에게 닿기를

너를 잊었던 것이 죄라면
내 달게 받으리

푸르고도 짙던
매화 향을 뚫고 나온
그 소맷자락을
어찌 잊을 수 있을까

붉어진 소매를 잡은 손이
대지와 마주할 때
미세한 진동은 온전히 너의 것이었구나

나는 오늘도 그대를 잊지 못해 죽어가니
기름이 타고 없어질 때 내가 그대를 비추리

# 31일의 묵념

숨을 죽이고 살포시 뱉어 봐라
아직 시작에 불과하니

몇 날 며칠을 하루도 빠짐없이
같은 곳을 응시했다

시선의 정착된
장소도 각도도 같았지만

얻은 답들은 하나같이 궤를 달리 하니
내벽을 깎아 나를 새롭게 채울 것이다

다시 원점으로 돌아가 31일의 묵념을
같은 자리에서
견고하게

# 시간 자본가

뻗어나가는 시간의 흐름에서
허우적거리다 목적을 잃고 손을 놓아버렸다

불연속적인 사건의 원인에 대해
불평등을 외쳐보지만 결국
머릿속에 무능을 되새길 뿐이다

시간이 넘쳐나면 무얼 할꼬?

쏟아지는 압력에 흔들리던 다리가
토대가 되지 못한 채 주저앉아 버릴 텐데

이치가 그렇듯 뿌리내리지 못할 바엔
계속해서 시간과 갈등할 것이다

## 안개

속세에서 벗어나
스스로 타협하고
가면 속으로 숨어버린 지 어느덧 수개월

한 여자가 묻길
"그대는 어째서 순행자의 길을 걷고 있나요?"
나는 답했다
"나는 위험과 거리를 두고 싶습니다"
"나는 평온한 지금이 좋습니다"
"나는 도전하고 싶지 않아요"
"나는…"

아늑하다 못해
숨 막히는 이곳

맞다
나는 아직 안갯속이다

## 새장

언제부터일까
아마
그 새를 본 순간부터일 것이다

열 번 찍어 안 넘어가는 나무 없다는 옛말처럼
내 정열적인 갈구 탓일까
세상은 내 편을 들어주었다

작고 아담한 파랑새를 새장 안에 넣고
나에게서 벗어나고자 할 때마다 소리쳐 애원했다

그렇게 앓다가 시들고서야
의지가 꺾여버렸다고 착각할 때쯤
자유를 쥐여주자
도망치듯 날아가 버렸다

다시는 돌아올 수 없는 하늘로

## 허상의 형체

그림에 물감을 덧칠한다
숱한 분칠로 종이가 허물 정도로

하늘을 원망하지 않고
쓸데없는 마음 준 적 없이
그렇게 몇 년을 갈고닦은 세월이다

그간의 노력은 무슨 죄일까

무엇을 섬기고
무엇을 남겨야 했을까

이리 과거를 붙들어봐도
주어진 몫에
충실했던 기억밖에
존재하지 않는다

어째서
내가 쌓은 것은
바다에 휩쓸려가는
모래성이었을까

## 얼룩

신발에 묻은 자국은 지우면 되는데
마음에 묻은 얼룩은
그럴 수 없다

어디부터 닦아야 하는지
알 수 없을 정도로 번져버려
나도 모르게 한숨을 쉰다

천천히 아물기를 기다릴 뿐

누리봄

## 산수유의 계절

점점 붉게 농익는 산수유
봄도 얼굴을 붉히고 피서 가는 시기

얼굴에 묻은 수박씨에
서로를 보며 웃고
어릴 적 계곡에서
풋사랑을 회상하며 콧노래 하고
밤에는 반딧불이
고요한 들에 온기를 전달하는

생명이 재탄생되는 계절

# 누리봄

바람이 향기를 머금고
내 코에 살랑거리고

사부작사부작
만물이 동요하는 시기

나를 맞이하는
너도
누리봄

# 수꽃

커튼을 젖히고 일어나 앉았다
그 시선에 정착은 어디일까

방금 음지에서
배 위에 꽃으로 수를 놓은
그의 얼굴에서
하염없는 수꽃이 떨어져 피어난다

# 소풍

바람이 부는 소리에
풀벌레의 수다 따라
노을 진 가락을 그린 하늘에서
나는 별들의 도시를 만끽했네

그리고 말했지
방금 소풍을 보았노라고

## 우비 속 풍경

누군가 건네준 우비를 입고
쉴 새 없이 다리를 움직였다

숨이 차오르고 비가 와도
어김없이 발의 행렬은
나무판자들을 가로질러 갔다

고지가 눈앞이었다
두 외지인이 양손 힘껏 노를 저었다
우리의 배는 어디로 가는 걸까

수줍게 인사하던
반딧불 한 마리가
시간이 되었는지
잎사귀 사이로 숨어들었다

약속이라도 한 듯
일제히 숨을 죽이고
눈꺼풀에 힘을 주자
출항을 방해하던 빗소리도 자취를 감추었다

우비 속 풍경은
장엄하게 줄 서 있는
수십 그루의 빛나는 나무들이
이뤄낸 한 폭의 그림이었다

# 잡초

밟아도 살아남고
잘라도 자라나고
그렇게 무수히 많은 잡초를 키워내니
내 봄날은 더없이 멀어지네

뽑으면 뽑을수록
이내 심력은 곧 성장의 양분이 되니
어찌 신념에 집중할 수 있겠는가

그대 잡초는 그만 뽑고
뛰쳐나가게나

# 겨울이 놓고 간 잔재

그칠 줄 모르던 가랑비가
하얗게 질렸다

어렴풋이 나오던 입김이
코를 타고 폐를 얼린다

그 속에 자란 가시는
또 다른 입김이 되어

뽀얗던 눈에
서로의 발자국을 남겨버렸다

겨울 지나 눈이 녹았지만
무심코 떨어진 고드름이
심장을 스치듯

한 번 남겨진 발자국은
지워지지 않은 채

새해의 첫눈을 기다린다

## 처음은 한 뿌리일지라도

우리 모두
한 뿌리에서
자라나

한줄기의
각기 다른 가지를
뻗는다

혼신의 잎새가
피어날 무렵에

나무 저 편에서는
꽃이 만발하고

반면, 바람에 휩쓸려간 낙엽은
이생과 작별한다

처음은 한 뿌리에서 자랐지만
끝을 달리할 우리의 운명은

봉오리의 기백에 달려있다

# 시계탑 앞에서

영혼 담긴 동상을 보며
굳게 맹세하고

대지의 기운을 느끼며
깊이 흐느끼고

달리는 기차 안에서
만물을 눈에 담는다

봄이 오고
가지 끝에
열매가 맺히면

시계탑 앞에서
너를 보며 반갑게 손 흔드는
나를 만날 것이다

# 파도가 불러온 안식

멀리서 다가온 파도가
슬며시 나에게 손짓한다

숨을 꾹 참고
아득한 심해가 들려주는
찬란한 인어의 목소리에
시원한 단잠을 청하고는

파도가 불러온 안식에
서서히 스며든다

# 해설

진순분 시인·칼럼니스트

# 존재의 근원을 찾는 자의식과
# 현실 서정의 미학

**진순분**
시인·칼럼니스트

시인이란 보는 사람, 즉 견자見者라고 한다. 고대 그리스에서는 시인을 광기에 홀린 사람으로 정의 한 바 있다. 이때 본다는 것은 오직 시인의 사고와 직관력으로 심미안을 볼 수 있음을 의미한다. 이렇게 자신도 모르는 어떤 힘으로 사물을 보고 세계를 보게 된다. 시인은 신비한 영감에 감응하는 자가 되며 이른바 견자가 된다. 시인은 일상인이 체득하지 못하는 초월적 큰 힘이 부여된 자로 인식된다.

일상인들은 겉모습만 볼 수 있지만, 시인은 자연과 사물의 그 너머를 보고 볼 수 없는 것까지도 볼 줄 알아야 한다. 시인은 본질적으로 상상력이 있어야 하고, 상상력이 풍부할수록 시적 언어를 구사할 수 있는 능력이 생긴다.

우리 문단에 이러한 능력을 일찍이 발휘하며 나타난 어린 시인이 있다. 바로 조수빈 시인이다. 조수빈 시인은 2024년에 계간지《수원문학》신인상으로 등단하였다. 그 당시 신인상 심사하던 심사위원들을 깜짝 놀라게 하는 사건이 있었다. 당선자의 신상 확인을 하고 보니 고등학교 2학년 재학 중인 어린 학생이었기 때문이다. 우리 문단사에서 이형기(1933~2005) 시인이 고교 재학 중 17세이던 1950년

「문예」에 추천되어 그 당시 '최연소 등단 기록'으로 시인의 길로 들어섰는데, 아마 이제 이 시인이 그 뒤를 잇지 않을까 싶다.

## 희망을 지향하는 꿈의 에너지

이번에 60편이 수록된 이 시집은 조수빈 시인의 생애 첫 시집이다. 고등학생의 신분으로서 선보이는 무엇보다 소중한 작품이라 할 수 있을 것이다. 전체적으로 작품을 읽어보면 누가 봐도 어린 학생이 썼다고는 도저히 믿기지 않을 정도이다. 그만큼 세상을 보는 눈이 문학에 대한 깊이로 작품에 심혈을 기울이고 노력한 성과이며 큰 보람이라고 할 수 있다.

나 오늘도
세상을 담아 흥얼거리네

이 온 정신이
한껏 울려 퍼지면

청풍을 타고
버들잎을 간질거리고
풀 속에
곤히 자는 반딧불을 깨우고

줄기로
굳게 묶인 매듭을 푸네

봉오리 끝내 피지 못해도
흩어진 내 일신의 조각이 기억하겠지

곧은 소나무 반갑게 인사할 때
세상아 풍악을 울려라

— 「풍물」 전문

  이 시에서 주제는 풍물의 구심점을 담아 온 정신이 한껏 울려 퍼지고, 모든 자연이 간질거리며 깨우고 매듭을 풀어낸다. 표현이 역동적이며 발상이 신선하다. 강조하는 메타포는 "봉오리"의 시적 자아의 투사이다. 흩어진 일신의 조각이 기억하는 것이다. 무엇보다 "세상아 풍악을 울려라"라는 끝 구절에서, 시원스럽게 구체성을 띤 풍물의 의미를 청각적 이미지로 효과음을 힘차게 빛내고 있다.

가람이 부푼다
가랑비가 오나 보다

가람 가온에
고주리 미주리,
고운 매가

길라잡이를 따라 연꽃을 엮는구나

　　꽃내음 품고
　　끌끌했던 과거를 회상하며
　　나래옷을 입겠지

　　내 매지구름에 늦마는 참 없지만
　　아직은 나비잠 곤히 자고픈 날이구나
　　　　　　　　　　－「꽃가람을 보던 시절에」 전문

　가람은 '강'의 예스러운 표현이다. 이 밖에도 가온, 고주리 미주리, 길라잡이, 매지구름, 늦마, 끌끌하다, 나비잠 등 순우리말 또는 고유어를 시어로 엮어낸다. '가온'은 세상의 중심이란 뜻이고, '고주리 미주리'는 '고주알미주알'의 비표준어이다. 길라잡이는 앞에 나서서 길을 인도하는 사람이나 사물을 말한다. '매지구름'은 비를 머금은 검은 조각구름이며, '늦마'는 '늦장마'의 준말이다. '나비잠'은 갓난아이가 두 팔을 머리 위로 벌리고 자는 잠이다. '끌끌하다'는 마음이 밝고 바르며 깨끗함을 뜻한다.

　"가람이 부푼다"라는 것은 가랑비에 강물이 불어나고 고운 매가 연꽃을 엮는 과거를 회상한다. 나비잠 곤히 자고 싶은 날을 시각적 이미지와 꽃내음의 후각적 이미지로 그려낸 회화적 표현이다. 부단히도 시어를 찾는 노력이 엿보인다. 순우리말 또는 고유어가 한결 작품을 돋보이게 한다.

이런 시어를 찾아 활용하는 원천은 미적 언어로 순화하는 슬기로운 창작 자세이기도 하다.

빗물이 내 안을 침범했다

처음에는 이미 튀어버린 구정물을,
별것이라고 여겼지만
한세월이 지나
웅덩이에 비친 내 모습은
키 높이의 구정물에서
쉴 새 없이 허우적거리고 있었다
손 고운 줄 모르고
녹이 슨 처마를 이리저리 문질러도 봤지만
거센 장대비 앞에
내 사계만이 망각될 뿐이었다

늦마가 가고 창가에 세어나온 빗물이
한 줌의 빛인 것 알았을 때

처마에 고개를 내밀던 빗물이 종적을 감추듯
처마에도 볕 들 날은 온다
─「달빛이 닿은 처마」 전문

이 시는 첫 구절부터 "빗물이 내 안을 침범했다"라는 강

렬한 동사 이미지로 인식시켜 준다. 쉴 새 없이 허우적거리는 웅덩이에 비친 내 모습은 어떻게 보면 시적 자아의 불안이다. 이것은 빗물, 구정물, 장대비에 투영된다. 그리하여 다시 불안이 한 줌의 빛으로 자각된다. 물의 존재론적 영원성이 처마에도 볕 들 날로 긍정의 메타포를 던지는 것이다. "내 사계만이 망각 될 뿐"이라는 자기 진단을 바탕으로 인간 삶의 참모습을 찾아 나서게 되고, 존재 의식을 찾는 자의식과 현실 서정을 그려내는 것이다.

## 그리움의 상징성과 연민

바람이 새로운 생명을 불어넣는 오솔길에서
삼삼오오 저마다 붙었다 흩어지고
바스락바스락 소리를 내며
걸음을 옮기는 따스한 산골짜기

그곳이 내가 기억하는 고향의 모습이다

야망과 서로 다른 목적을 위해
비록 지금은 각자 걷는 인생이지만
우린 가슴속에 영원한
기억의 저편을 지니며 살아간다

슬플 때 같이 울어주고 지칠 때 품어주던 우리의 고장

어느 날 누군가
가장 애틋했던 시절을 물었을 때
나는 바람이 부는 곳을 향해 미소를 지었다
─「나의 작은 산골짜기에서」 전문

　누구나 태어난 고향이 있다. 비록 지금은 각자 걷는 인생이어도 "우린 가슴속에 영원한 / 기억의 저편을 지니며 살아간다"라고 전제한다. 외진 시골에 산골짜기 마을이지만, 상징적으로 고향을 그리워하는 현재 도시인을 표현한다. 가장 애틋한 시절이기도 한 그곳을 슬플 때 같이 울어주고 지칠 때 품어주던 고향을 순수한 감성으로 매끄럽게 형상화한 작품이다.

　이 작품의 전개 과정은 "새로운 생명을 불어넣는 오솔길→걸음을 옮기는 따스한 산골짜기→가슴속에 영원한 기억의 저편→슬플 때 같이 울어주고 지칠 때 품어주던→바람이 부는 곳을 향해 미소"라는 과정이다. 이러한 요체는 탄생과 생성에서부터 영원성으로 남아, 슬플 때나 지칠 때 품어주는 마침내, 고향이라는 그리움의 안식처로서 영원히 남아있는 것이다. 거시적 발원에서부터 미시적인 고향의 결정체이며 메시지라 할 수 있다. 고향은 상승 이미지와 하강 이미지 사이에서 안온한 상태의 회귀성도 자리매김하고 있다.

베란다에 찬 공기를 서서히 들이마시면
오늘의 대청소가 시작된다

수북이 쌓인 책들을 옮기고
단계별로 서랍을 정리하고
구석구석 먼지를 털고는 풀썩 앉아버렸다

그렇게
가구를 정돈하며 발견한
오래된 사진 한 장
오순도순 우리 가족

— 「가구를 정돈하며」 전문

  대청소하며 시인은 "오늘"의 현실에 대한 의미를 형상화한다. 시인은 "구석구석 먼지를 털고"라며 먼지의 형상을 취하며 내려앉은 퇴적물처럼 풀썩 앉아버린다. 시인의 몸은 소진된 상태로 그때 발견한 것은 "오래된 사진 한 장"이다. 여기서 중요한 것은, "오순도순 우리 가족"이다. 사유 행위와 중첩되어 사진이라는 객관적 상관물이 한없이 연민을 불러일으킨다. 무엇보다 가족의 소중함을 느끼게 하는 끝부분의 단 2행이 오래도록 가슴에 남아 각인시킨다.

## 자의식의 그늘 극복 의지

> 신발에 묻은 자국은 지우면 되는데
> 마음에 묻은 얼룩은
> 그럴 수 없다
>
> 어디부터 닦아야 하는지
> 알 수 없을 정도로 번져버려
> 나도 모르게 한숨을 쉰다
>
> 천천히 아물기를 기다릴 뿐
>
> ― 「얼룩」 전문

시인은 현실적인 고뇌와 내적 존재로서의 현실과는 또 다른 설정에 놓인다. 시인은 자신의 영혼과 의식 세계의 소통으로 "한숨을 쉰다"라고 표현한다. 그것은 쉽게 지워지지 않는 마음의 얼룩이 있기 때문이다. 또한 "알 수 없을 정도로 번져버려"의 까닭이기도 한 것이다. 이 작품의 중요한 핵심 상징은 아픈 얼룩이 상처가 될지언정 절대 희망을 놓지 않는다는 것이다. 천천히 시간을 기다려 아물기를 바랄 뿐이다. 묵묵한 그 처연함이 오히려 어떤 결기까지도 포용하고 있으므로, 극복하고자 하는 의지는 기다림으로 승화된다. 이러한 짧은 시의 장점은 깊고 넓게 퍼져 가는 울림으로 발현한다.

얼마나 어두웠는지 모르겠다
얼마나 외로웠는지 모르겠다

이 방에는 아무런 온기도 없다
한참을 서성이다 지그시 시선을 옮겨본다
푸르고 파아란 것들이

이 잎이
이 나무가
이 정신이

아아 만물이여

그는 단숨에 나에게 온기를 채워 넣었다
보지 않으려 애쓴 것은 나였구나

그가 한번 웃길래
나도 따라 웃었다

― 「그늘을 등지고」 전문

  시의 첫 구절부터 "얼마나 어두웠는지 모르겠다 / 얼마나 외로웠는지 모르겠다"라는 호소력 있는 반복법으로 심미적 감정선을 자극한다. 얼마나 어둡고 외로웠으면 그늘의 편에 서서 그늘을 등지고자 하는 각오가 내재 되어 있을까. 온기를 채워 넣는 상태에서 보지 않으려 애쓴 것은 "나"라는 시적 화자이다. 개인이 갖고 있는 의식 중에 자아의식의 상태인 "이 방엔 아무런 온기 없는" 현실 상황의 체험으로 전이 확장하여 본래의 자아 발견을 주도하게 한다. 자신의 주체성을 확고히 하고자 노력한다. 그렇기에 "푸르고 파아란 것들이 // 이 잎이 / 이 나무가 / 이 정신이 // 아아 만물이여"라고 노래함으로써 따라 웃었다는 것은, 한편 긍정적 사고로 해석할 수 있다. 이 시를 읽으며 "그가 한번 웃길래 / 나도 따라 웃었다"라는 구절에서 김상용(1902~1951) 시인의 시 「남으로 창을 내겠오」가 떠 오른다. 시 끝부분에 "왜 사냐건 / 웃지요"라는 구절처럼 어찌 보면 시인은 나이에 걸맞지 않게 초월의식의 한 부분으로도 생각된다.

실로 이어진 인연을 끊고
도망치듯 나와버렸다

그때 느꼈던 심장박동은
아직도 이루어 말할 수 없으리라

기대에 부응하지 못했단 죄책감 때문인지
무능의 대가를 치르기 싫었던 탓인지
조각조각의 기억들을 싹둑 해버리고
내 우상과의 작별을 지나쳐버렸지만

이제는 말할 수 있다

　　당신을 존경했습니다

　　진심으로 감사했습니다

　　그러니

　　당신에게도

　　나에게도

　　떳떳할 수 있을 날을

　　기약하겠습니다

　　　　　　　　　　－「끝내 마주하지 못한 작별」 전문

 작별이란 인사를 나누고 헤어지거나, 또는 그 인사라는 뜻인데 끝내 마주하지 못한 작별은 얼마나 힘든 일인지 제목만으로도 미루어 짐작할 수 있다. "그때 느꼈던 심장박동은 / 아직도 이루어 말할 수 없으리라"라는 진술은 상대적으로 존경하고 감사하는 관계 즉 "내 우상과의 작별"의 관계를 읽을 수 있다. 그러기에 자신의 개성적 문제를 거듭 성찰하거나 회의하는 모습을 보여준다. "나에게도 / 떳떳할 수 있을 날을 / 기약하겠습니다"라는 은은한 슬픔이 숨어 있다. 이것은 자신을 극복하기 위한 자세로 승화한 것이다.

## 충만한 자연 동화와 순환성

　　밟아도 살아남고

　　잘라도 자라나고

그렇게 무수히 많은 잡초를 키워내니
내 봄날은 더없이 멀어지네

뽑으면 뽑을수록
이내 심력은 곧 성장의 양분이 되니
어찌 신념에 집중할 수 있겠는가

그대 잡초는 그만 뽑고
뛰쳐나가게나

― 「잡초」 전문

  잡초는 가꾸지 않아도 저절로 나서 자라는 여러 가지 풀이며 생명력이 강하여 "밟아도 살아남고 / 잘라도 자라나고"처럼 흔히 끈질긴 삶을 이야기할 때 잡초의 근성을 말한다. 쇠뜨기 개망초 명아주 애기똥풀 강아지풀 바랭이 고마리 여뀌 방동사니 쇠비름 등등 잡초라 불리는 풀은 모두 생명력이 끈질긴 풀이다. 예전에 농사지을 때 뽑아도 뽑아도 무수히 자라나던 그 식물들이다. "뽑으면 뽑을수록 / 이내 심력은 곧 성장의 양분이 되니"라며 "뛰쳐나가"라고 한다. 자연에 동화되어 감정이입 되는 순환성을 형상화한다.

바람이 향기를 머금고
내 코에 살랑거리고

사부작사부작
만물이 동요하는 시기

나를 맞이하는
너도
누리봄

— 「누리봄」 전문

  언어의 가지치기는 불필요한 가지를 칠수록 명징한 주제와 의미가 드러난다. 말하지 않고 말한다는 절제와 함축의 미학을 시라는 진리 위에 실천할 수 있어야 한다. "사부작사부작"이란 의태어인 부사와 "살랑거리고"라는 의태어가 감칠맛 나게 가볍고 부드러운 느낌으로 읽힌다. "누리봄"이란 순우리말로 세상을 봄처럼 따뜻하게 라는 뜻이다. 감각적 봄의 이미지가 생동감 있게 짧은 글 속에서도 여운을 남겨준다.

  시를 완성하기 위해서 시에 어려운 말을 담아야 하는 것은 아니다. 시가 꼭 길어야 하는 것도 아니다. 뜻은 깊게 감추고 표현을 경이롭게 함으로써 사람들을 깜짝 놀라게 해야 한다는 말처럼, 이 시는 시가 꼭 어렵고 근사한 말을 담아야 하는 건 아니라는 걸 일깨워 준다.

  지금까지 조수빈 시인의 작품에 나타난 시적 특징에 대해 살펴본 결과, 꾸준히 자신을 극복하기 위한 자세로 시를 써왔음을 짐작하게 한다. 인간 존재인 '나란 무엇인가'라는 질문을 날카롭게 묻고 회의하는 과정을 통해 자신의 주체성을 확고히 하고자 노력한다. 사유의 대상으로서 '나'와 글쓰기의 자의식과 '오늘'의 현실, 그리고 모든 자연과 사물에 대한 서정의 향기를 피워낸다. 일찍이 다산 정약용 선생은 "사람이 문장을 지님은 초목에 꽃이 피는 것과 같다"라고 하였다. 꽃은 갑작스레 얻을 수 없는 것이다. 문장도 갑작스레 얻을 수 없다. 부습즉시俯拾卽是라는 말이 있다. 구부려 주우면 곧 그것(자연)이므로 곧, 허리 구부려 주우니 그게 바로 시라고 할 수 있다. 이만큼의 큰 시적 성취를 얻어낸 조수빈 시인도 시 한 편을 쓰기 위해 잠 못 드는 밤이 많았으리라.

존재하는 모든 사물을 사랑할 줄 아는 가슴을 갖도록 노력하는 것이 진정 시를 쓰려는 노력일 것이다. 항상 치열하게 작품에 임해야 하며 겸허한 마음으로 시 정신에 다가가야 할 것이다.

생애 첫 시집을 출간하는 조수빈 시인은 앞으로 노벨문학상도 거머쥘 정도의 창의력과 천부적인 감성을 타고난 시인이다. 거기에 생을 관조하는 정신까지 탁월해 문학적 발전성이 뛰어난 시인이다. 조수빈 시인의 앞길에 문운이 창성하기를 기원한다. 부단한 노력의 자세로 정진하여 큰 시인이 되기를 염원하며 두 손을 모은다.